똥덩이가 좋아요

민들레자연과학동화 ❶
똥덩이가 좋아요

1판 1쇄 발행 | 2000년 6월 27일
1판 26쇄 발행 | 2013년 9월 5일

글쓴이 | 이상배
그린이 | 백명식
펴낸이 | 정중모
펴낸곳 | 파랑새
등 록 | 1988년 1월 21일 (제1-635호)
주 소 | 서울시 마포구 잔다리로 2길 7-0
전 화 | 02-3144-1300 팩 스 | 02-3144-0775
전자우편 | bbchild@yolimwon.com
홈페이지 | www.bbchild.co.kr

Text ⓒ 이상배, 2000
Illustrations ⓒ 백명식, 2000
ISBN 978-89-7057-217-8 77400
ISBN 978-89-7057-216-1 (세트)

• 저자와의 협의로 인지를 생략합니다.
• 저작자와 출판사의 허락 없이 이 책의 일부 또는 전체를 인용하거나 발췌하는 것을 금합니다.
• 책값은 뒤표지에 표시되어 있습니다.

똥덩이가 좋아요

이상배 글 | 백명식 그림

파랑새

읽기 전에

우리가 살고 있는 지구에는 어디에나 생물체가 살고 있습니다.
생물체란 살아 있는 물체를 말합니다.
생물계를 크게 나누면 동·식물로 구분합니다.
그리고 동물 중에는 곤충류의 동물이 있습니다.
동물의 특징은 자기 몸을 스스로 움직이며 생활하는 것입니다.
그러나 식물은 한곳에만 자랍니다.
동물은 먹이를 찾아 돌아다니며,
먹이를 얻기 위해 싸움도 벌입니다.
식물은 공기·물·햇빛이 영양분이 됩니다.
지구에 살고 있는 곤충은 약 80만 종이 되며,
이는 전체 동물 중의 70퍼센트를 차지하는 숫자입니다.
식물은 약 35만여 종이 살고 있습니다.
우리가 살고 있는 지구는 곤충의 왕국이며 식물의 왕국입니다.
그리고 동물의 왕국이기도 합니다.
동·식물의 세계는 흥미롭고 신비합니다.
그리고 슬기로움과 질서가 있습니다.
어린이 여러분! 신비한 동·식물의 세계를 재미있는
동화와 그림으로 읽고 관찰해 보세요.
그리고 자연과 생물을 사랑해 주세요.

글쓴이 이상배

차례

뚱뚱이가 좋아요 / 7

민들레꽃씨의 여행 / 31

비 오는 날의 곡예사 / 55

쇠똥구리 이야기

똥덩이가 좋아요

농부가 황소를 몰고 갑니다.
"이랴, 이랴. 어서 가자."
황소는 언덕길을 느릿느릿 걸어갑니다.
날씨가 덥기 때문에 황소도 일하러 가는 것이
싫은 모양입니다.
갑자기 꼬리를 번쩍 들더니 똥을 누기 시작합니다.
철퍼덕!
철퍼덕!
철퍼덕!
연거푸 큰 똥덩이가 떨어집니다.
풀밭에 떨어진 쇠똥이 빈대떡 모양이 되었습니다.
걸어가면서 아무 데나 똥을 누는 황소는
부끄럽지도 않나 봅니다.

풀밭에 떨어진 빈대떡 모양의 쇠똥은 세 개입니다.
이제 누가 나타날까요?
"큼큼! 맛있는 똥이다."
어느새 냄새를 맡은 똥벌레가 달려왔습니다.
쇠똥구리 두 마리입니다.
"와, 크다."
쇠똥구리들은 쇠똥 둘레를 부지런히 돌기 시작했습니다.

쇠똥 하나 한 바퀴.
쇠똥 둘 두 바퀴.
쇠똥 셋 세 바퀴.

"이건 모두 우리 거다."
쇠똥구리들은 욕심꾸러기입니다.
세 개나 되는 맛있는 먹이를 모두 자기들 것으로
맡아 놓은 것입니다.

똥덩이가 좋아요

쇠똥구리는 쇠똥에서 조금
떨어진 곳에 땅을 파기 시작했습니다.
톱니 같은 입과 발을 움직여 잘도 팝니다.
"후유, 힘들어!"
아빠 쇠똥구리가 땀을 닦으며 말했습니다.

"햇볕이 점점 뜨거워져요."
엄마 쇠똥구리가 말했습니다.
그 말은 어서 빨리 땅을 파라는 재촉입니다.
쇠똥구리들은 다시 땅을 파기 시작했습니다.
길쭉하게 둥글게 마치 달걀 모양의 집을 만들었습니다.

집짓기가 끝나가자
아빠 쇠똥구리가 쇠똥으로 달려갔습니다.
처음 발견했을 때처럼
쇠똥 둘레를 다시 돌아보았습니다.
혹시 다른 쇠똥구리가 찾아오지
않았나 살펴보는 것입니다.
요즘 먹이를 도둑질하는 쇠똥구리가 많거든요.
드디어 집 짓는 일이 끝났습니다.
먹이를 저장할 창고와 알집을
놓을 자리도 마련했습니다.
"여보, 오늘은 정말 멋진 하루였소."
"예, 먹이도 구하고 집도 짓고.
내일부터는 더 바빠지겠지요."

쇠똥구리들은 내일을 위해서
일찍 잠을 잤습니다.
이튿날, 아침부터 햇볕이 따가웠습니다.
쇠똥구리들에게는 아주 잘된 일입니다.
만약 어제나 오늘 비가 내렸다면
어떻게 되었을까요?
쇠똥은 빗물에 휩쓸려 흔적도 없이
쓸려 버렸을 겁니다.
그러면 먹이도, 집도 갖지 못했을 것입니다.
쇠똥구리들은 먹이를 발견하면
먹이 밑에 땅을 파거나 아니면
가까운 곳에 새집을
짓거든요.

쇠똥구리들은 쇠똥으로 달려갔습니다.
아빠 쇠똥구리가 넓적한 똥 위로 올라가 보았습니다.
묽었던 똥이 햇볕을 받아 꾸덕해졌습니다.
"어때요?"
엄마 쇠똥구리가 궁금한 듯 물었습니다.
"뭉치기 좋게 잘 굳었어요."
"그럼 시작해 볼까요?"
쇠똥구리들은 똥덩이를 만들기 시작했습니다.
쇠똥구리들은 똥덩이를 만들 때가 가장 즐겁고 행복합니다.
엄마 쇠똥구리는 똥덩이를 만드는 기술자입니다.
우리 엄마들이 송편을 잘 만들 듯이 말이에요.
입과 발로 똥을 조금씩 조금씩 떼어 이긴 다음
동그랗게 뭉칩니다.
이기고 뭉치고, 요리조리 굴려
동그랗게 다듬었습니다.

쇠똥은 풀과 짚 같은 것으로 이루어져 있습니다.
소들이 짚이나 풀을 먹기 때문입니다.
이제 똥덩이가 아주 동그랗게
큰 구슬만 해졌습니다.
와! 똥덩이 크기가
기계로 빚은 듯이
똑같군요!

쇠똥구리들은 정말 멋진 똥덩이를
만들었습니다.
아빠 쇠똥구리가 똥덩이를
조심스럽게 굴렸습니다.
한쪽으로 치워 놓기 위해서입니다.
"조심하세요."
엄마 쇠똥구리의 말이 채 끝나기도
전에 똥덩이가 그만 낮은 곳으로
데굴데굴 굴러가고 말았습니다.
"아이고, 이걸 어쩌지."
아빠 쇠똥구리가 급히
똥덩이를 찾아
나섰습니다.

다행히 풀잎에 걸리어 멀리 굴러가지는 않았습니다.
"이것부터 집에 갖다 놓읍시다."
쇠똥구리들은 똥덩이를 굴리기 시작했습니다.
아빠 쇠똥구리는 왼편에서 앞으로 밀고,
엄마 쇠똥구리는 오른편에서 뒷발로 밀었습니다.
"영차, 영차. 이영차!"
낮은 곳에서 높은 곳으로 밀어 올리는 것이 무척
힘이 들었습니다.

그러나 쇠똥구리들은 즐겁습니다.
땀을 뻘뻘 흘리며 똥덩이를 굴려 갔습니다.

왜?

쇠똥구리는 똥덩이를 굴릴 때, 왜 한 마리는 앞발로 밀고, 다른 한 마리는 뒷발로 밀고 갈까요?
(29쪽 아래를 보세요.)

마침내 똥덩이 하나를 새로 지은 집에 날라 들였습니다.
쇠똥구리들은 하루 종일 똥덩이를 만들었습니다.
하나 만들면 집으로 굴려 가고, 또 하나 만들면
집으로 굴려 갔습니다.
햇빛에 오래 두면 말라 버리기 때문입니다.
"영차, 영차 이영차!"
똥덩이 굴리기는 아슬아슬하기도 하지만 무척 재미있습니다.
쇠똥구리들은 구슬땀을 흘렸습니다.
어느새 빈대떡 같은 쇠똥 하나가 없어졌습니다.
땅속 집에는 맛있는 식량이 쌓여 갔습니다.
이튿날은 두 번째 쇠똥으로 똥덩이를 만들었습니다.
하루 종일 쉬지 않고 일했습니다.
입과 다리가 무척 아팠습니다.
그래도 쇠똥구리들은 즐거웠습니다.
오늘 만드는 똥덩이는 알집으로 쓰일 겁니다.

날이 어두워지자 쇠똥구리들은
집으로 돌아왔습니다.
창고에는 식량이 가득 쌓였습니다.
"이만하면 충분해요.
내일은 알집을 만들겠어요."
엄마 쇠똥구리가 말했습니다.
"그렇게 해요.
나는 집 천장을
만들게요."

이튿날, 엄마 쇠똥구리는
알집을 만들었습니다.
똥덩이의 위쪽을 우묵하게 파낸 다음
하나씩 알을 낳았습니다.
아빠 쇠똥구리는 집 천장을 만들기 시작했습니다.
땅속으로 들어가는 작은 구멍만 남겨 두고
흙으로 싸발랐습니다.
그래야 적으로부터 침입을 막을 수 있습니다.
알을 낳은 엄마 쇠똥구리는 얇게 똥덩이를 싸발랐습니다.
똥덩이 속의 알을 보호하기 위해서입니다.
식구가 늘어나면 식량이 필요하겠지요.
엄마 쇠똥구리는 잠시도 쉴 틈이 없습니다.
식량이 잔뜩 쌓인 창고로 갔습니다.
집 안에 있는 흙을 파 똥덩이에 발랐습니다.
매끈매끈하게 흙을 싸발라야 먹이가 마르지 않기 때문입니다.

똥덩이가 좋아요

얼마 후면 아기 쇠똥구리가 태어날 겁니다.
먹이로 만든 알집에서 태어나니 배고플 걱정은
안 해도 됩니다.
바로 알집이 맛있는 똥덩이니까요.
그러니 아기 쇠똥구리는 얼마나 행복하겠어요.

부지런한 똥벌레 쇠똥구리

여름에 시골 밭둑을 걷다 보면 동그란 쇠똥을 굴려 가는 쇠똥구리를 볼 수 있습니다. 한 마리는 앞발로 밀고 또 한 마리는 뒷발로 밀지요. 똑같이 앞발로 굴리지 않고 각각 다른 방법으로 똥덩이를 밀고 가는 모양이 대수로운 일이지요.

쇠똥구리는 딱정벌레목에 속하는 곤충으로 몸길이가 1.8센티미터 가량이고, 몸빛은 검은데 광택이 납니다. 입과 다리에 톱니 같은 날이 있어 쇠똥을 파고, 굴리는 데 편리합니다.

딱정벌레목에 속하는 벌레들 중에는 똥을 먹이로 하는 똥벌레들이 있습니다. 우리들이 싫어하는 똥을 먹는 것이 이상하지만, 똥은 똥벌레들에게는 더없이 맛있는 먹이랍니다.

쇠똥을 동그랗게 뭉치는데 그 모양이 구슬처럼 아주 동그랗답니다. 또 두 쇠똥구리가 똥덩이를 굴려 가는 모습을 보노라면 곤충들이 얼마나 부지런한가를 엿볼 수가 있습니다.

똥덩이는 먹이로 사용하고,

또 ![알]을 낳는 알집으로 사용합니다.

7월에 ![알]을 낳으면, ![알]이 부화되어

![애벌레]가 되고, ![애벌레]는 자신의 집을 파먹으며 자라

![번데기]가 됩니다. 9월 초쯤이면 ![번데기]에서 깨어나 어른벌레가

되는데 이때 똥덩이를 부수고 나오게 됩니다.

![쇠똥구리]는 이처럼 똥에서 태어나 똥을 먹고 자라는

똥벌레입니다. 어른이 된 ![쇠똥구리]는 겨울잠을 자고

이듬해 봄 다시 땅으로 나와 활동을 합니다.

왜?

똥덩이가 동그랗기 때문에 굴리는데 균형을 잡아 다른 데로 굴러가지 않게 하기 위해서입니다.

민들레 이야기

민들레꽃씨의 여행

옛날에 이 세상에 큰 물난리가 났습니다.
눈에 보이는 모든 것들은 물속에 잠기게 되었습니다.
민들레들이 사는 마을에도 큰물이 밀려왔습니다.
"살려 주세요!"
민들레들은 겁에 질려 머리가 하얗게 세어 버렸습니다.
"하느님, 살려 주세요!"
그때, 하느님께서 민들레들의 애원하는 소리를 들었습니다.
"가엾구나!"
그러나 이미 민들레들은 물길에 휩쓸려 버렸습니다.
하느님은 다급하여 민들레의 머리카락에 씨를 달아서
높이 날게 해 주었습니다.
수많은 민들레꽃씨가 하늘을 날았습니다.
"고맙습니다, 하느님!"
민들레꽃씨들은 제각기 훨훨 날아
양지바른 곳에 떨어졌습니다.

이듬해, 따뜻한 봄이 되자 민들레들은 싹을 틔우고
꽃을 피웠습니다.
샛노란 황금빛 꽃이었습니다.
하느님의 은혜에 감사하는 마음으로,
해를 닮은 얼굴로 해님을 우러르며 피어난 것입니다.
이 이야기는 민들레의 전설입니다.
전설이지만 실제 민들레의 일생을 이야기하고 있습니다.

민들레의 일생은 누구보다 바람이 잘 알고 있습니다.
지금은 겨울입니다.
씽씽, 거친 바람이 불어옵니다.
"야, 둥글레야, 더 납작 엎드려."
민들레가 잎을 파르르 떨며 말했습니다.
"응, 알았어. 그런데 너무 추워. 온몸이 언 것 같아."
"정신차려. 얼면 안 돼. 몸을 땅에 찰싹 붙이고 활짝 펴 봐."

멈들레가 소리칩니다.
주위에 있는 무슨들레, 무운들레, 외음들레, 금잠초,
지정, 문들레, 만지금 등,
여러 친구들도 온몸을 방석 모양으로 활짝 펴 땅에
붙이고 있었습니다.
조금이라도 찬바람을 맞지 않고, 온몸에 햇빛을
받기 위해서입니다.

"이건 마지막 꽃샘 추위야. 곧 봄이 올 거야."
멈들레는 목이 쉬도록 다른 친구들에게 용기를
북돋아 주고 있습니다.
정말 길고 추운 겨울이었습니다.
눈이 내리고 찬바람이 불어와도 민들레들은 추위를
이기고 지내왔습니다.
땅속 깊이 뻗어 내린 뿌리에서는 쉼 없이 영양분을
끌어올리고 있었습니다.
그런 어느 날, 촉촉이 비가 내렸습니다.
"아, 비님이 오신다. 봄비야!"
"이제 살았다!"
민들레들은 기쁨에 소리쳤습니다.
"민들레들이구나, 안녕?"
살랑살랑, 따스한 봄바람이 불어와 인사를 했습니다.
민들레의 마을은 갑자기 소란스러워졌습니다.
죽은 듯이 엎드려 있던 민들레들이 일제히 기지개를 켰습니다.
납작하게 땅에 붙이고 있던 잎을 들어 올렸습니다.

"영차, 영차. 더 빨리."

뿌리는 힘차게
영양분을 펌프질하여
올렸습니다.
해님은 따뜻한 햇살을
듬뿍듬뿍 내리쬐었습니다.

왜? 민들레가 추운 겨울을 이겨 낼 수 있는
힘은 무엇일까요? (53쪽 아래를 보세요.)

잎이 파랗게 피어났습니다.
꽃대가 쑥쑥 자랐습니다.
드디어 꽃봉오리가 생겼습니다.
"나 좀 봐. 꽃이 피고 있어."
제일 먼저 민들레가 소리쳤습니다.
"정말! 꽃이 피고 있어."
노랗게 꽃봉오리가 벌어지기 시작했습니다.
낱꽃 하나가 활짝 피어나자 연달아 피어났습니다.
낱꽃은 100개가 넘습니다.
100개의 낱꽃이 피어 한 송이 민들레꽃이 되는 것입니다.

여기저기서 꽃망울
터지는 소리가 들렸습니다.
얼어 죽을 뻔했던 둥글레도 피어났습니다.
"아, 나도 꽃을 피웠어!"
둥글레는 감격스러워 눈물까지 흘렸습니다.
언덕은 샛노랗게 변해 갔습니다.
"와, 민들레꽃이 피었구나."
지나가는 바람들이 말했습니다.
"예쁘다. 노란 꽃밭이 되었네."
새들이 말했습니다.
정말이지 밭 언덕은 노란 융단을 깔아 놓은 듯 했습니다.
"어? 저기 하얀 꽃도 있는걸."
"하얀 꽃이 있다고요? 그게 누구예요?"
"나야."
민들레들이 소리 나는 쪽으로 돌아보았습니다.
만지금이었습니다.
노란 꽃밭에 혼자만 흰 꽃을 피우고 있었습니다.
"네 모습도 예뻐."
모두들 만지금을 칭찬했습니다.

이튿날은 비가 내렸습니다.
민들레들은 함초롬히 비를 맞으며 꽃잎을 오므렸습니다.
민들레들은 해님의 빛을 받지 못하면 피어나지 않습니다.
다시 해님이 얼굴을 내밀자 못다 핀 낱꽃까지
마저 피어났습니다.
"애들아, 꿀 따러 가자."
벌들이 붕붕거리며 날아왔습니다.
나풀나풀 나비들도 날아왔습니다.

벌과 나비들은 이 꽃에서 저 꽃으로 날아다니며
꽃가루를 모았습니다.
그 바람에 꽃가루가 암술머리에 전달되었습니다.
"나는 *가루받이가 끝났어."
금잠초가 제일 먼저 소리쳤습니다.
나도, 나도. 여기저기서 친구들이 소리쳤습니다.
이제 꽃으로서 생명이 다하는 것입니다.
그러나 꽃들은 실망하지 않았습니다.
곧 바람 여행을 떠날 시간이
다가오기 때문입니다.

*가루받이 : 꽃식물에서 수술의 꽃가루가
　　　　　　암술머리에 붙어 열매를 맺게
　　　　　　하는 것

꽃을 받치고 있던 갓털이 피어나고,
씨방에서는 씨가 무르익어 갔습니다.
샛노랗던 밭 언덕은 하얗게 피어난
갓털 송이로 뒤덮였습니다.
민들레들은 가슴이
두근거리기 시작했습니다.
"둥글레야, 잘 가."
"응, 멈들레 너도."
무슨들레, 문들레, 금잠초, 지정, 외음들레,
만지금 등이 서로 작별 인사를 나누었습니다.
드디어 바람이 휙 불어왔습니다.
하얀 솜사탕 같은 갓털 봉오리가 팍 흩어졌습니다.
"잘 가, 안녕!"
씨앗이 갓털을 달고, 마치 낙하산을 타듯
이리저리 공중으로 날아갔습니다.

"야호, 멋지다!"
민들레꽃씨들은 환성을 질렀습니다.
얼마나 날아갔을까?
멈들레는 딱딱한 아스팔트 가에 떨어졌습니다.
자동차들이 씽씽 달리고 있었습니다.
둥글레는 배꽃이 핀 나뭇가지에
떨어졌습니다.
금잠초는 냇물에 떨어져 둥둥
떠내려갔습니다.
문들레는 다행히 넓은 들판에
떨어졌습니다.

만지금은 훨훨 더 날아 어느 아파트 창문을 넘어
화분 위에 살짝 떨어졌습니다.
무슨들레는 밭둑 강아지풀 옆에 떨어졌습니다.
외음들레는 한 소녀의 긴 머리카락 위에 떨어졌습니다.
이렇게 민들레들은 각각 바람 여행을 떠나 사방으로
흩어졌습니다.

"이곳이 내 고향이야. 이곳에서 뿌리를 내려야지."
그런데, 아스팔트 가에 떨어진 민들레는 과연
피어날 수 있을까요?
"걱정하지 마세요. 우리 민들레들은 생명력이 강하답니다.
아스팔트를 비집고서라도 꼭 꽃을 피울게요."
민들레는 쌩쌩 달리는 자동차 바람을 타고 몸을
조금씩 조금씩 흙이 있는 길 쪽으로 옮겨갔습니다.
겨울이 가고 새봄이 오면 민들레들은 다시 노란 꽃을
피우겠지요.

이름이 많은 황금꽃

민들레는 우리 나라 들과 산, 길가의 양지에서 흔히

보는 엉거시과에 속하는 여러해살이풀입니다. 민들레는

풀 중에서 가장 키가 작아서 앉은뱅이꽃이라고도 부릅니다.

그리고 문들레, 둥글레, 멈들레, 외음들레, 무운들레, 금잠초,

지정, 포공영, 만지금 등 여러 가지 이름을 가지고 있으며,

해를 향해 노랗게 피어난다고 하여 황금꽃이라고도 합니다.

원줄기가 없이 뭉치로 자라며, 잎은 무 잎처럼 깊게 갈라져

가장자리에 톱니가 있으며, 줄기를 자르면 하얀 즙이 나옵니다.

잎은 나물로 먹고, 뿌리는 약으로 쓰입니다.

추운 겨울을 이겨 내고 봄이 오면 4~5월에 노란 꽃을 피웁니다.

민들레꽃은 하나의 낱꽃이 피어 뭉친 것이 한 송이로,

낱꽃은 100개가 넘으며, 낱꽃의 꽃잎은 다섯 장이 됩니다.

수면운동(식물의 잎과 꽃이 밤이 되면 오므라들거나 아래로

처지는 운동)을 하는 식물로, 에는 를 바라고
　　　　　　　　　　　　　　　　낮　　　　해
활짝 피어나고 이 되면 꽃잎을 오므립니다.
　　　　　　　밤

　민들레꽃의 특징은 　 꽃에서 하얀 갓꽃으로
　　　　　　　　　　노란
변하는 것입니다. 수십 개의 　 같은 갓꽃은
　　　　　　　　　　　　　　　바퀴살
씨앗을 달고 　 에 날려 여행을 떠납니다.
　　　　　　바람

　멀리멀리 날아가 사방에 떨어진

씨앗들은 뿌리를 내리고 이듬해

꽃으로 피어나는 것입니다.

왜?

　보통 풀들의 뿌리는
30센티미터이지만, 민들레의 뿌리는
1미터로 땅속 깊이 뻗어
내리고 있습니다.
뿌리가 튼튼하기
때문에 추위쯤은
얼마든지 이겨 낼 수 있습니다.

달팽이 이야기

비 오는 날의 곡예사

동물 나라에 잔치가 벌어졌습니다.
오늘은 가장 '신기하고 귀엽게' 생긴 동물을 뽑는 날입니다.
아침 일찍 동물들이 몰려왔습니다.
사자처럼 몸집이 큰 동물도 있고,
병아리 같은 작은 동물도 있었습니다.
"자, 지금부터 생김새가 가장 신기하고
귀여운 동물을 뽑겠습니다."
목이 긴 기린이 큰 소리로 말했습니다.
동물들은 번호표를 받고 줄을 섰습니다.
차례대로 무대 위로 나와 서면, 앞에 있는
구경꾼들이 박수를 치기로 했습니다.
박수 소리가 제일 큰 동물이 가장
'신기하고 귀여운' 동물로 뽑히는 것입니다.

제일 먼저 온몸의 가시를 곤추세운
고슴도치가 또르르 굴러 나왔습니다.
모두들 깜짝 놀랐습니다.
"너는 따갑고 징그럽게 생겼어."
고슴도치는 얼른 들어가 버렸습니다.
다음은 노린재가 늠름하게 나왔습니다.
"너는 납작하게 생기고 냄새가 지독해."
동물들이 와 웃었습니다.
다음은 매미가 나왔습니다.
"너는 소리는 시원한데 귀엽지는 않아."
매미는 오줌을 찍 뿌리고 들어갔습니다.
다음은 고추잠자리가 나왔습니다.
짝짝짝, 박수 소리가 조금 나왔습니다.

"너는 예뻐. 그런데 신기하지는 않아."
고추잠자리는 동동 날아갔습니다.
다음은 다람쥐가 나왔습니다.
역시 박수 소리가 들렸습니다.
"너는 귀엽지만 신기하지는 않아."
다람쥐는 꼬리를 흔들며 들어갔습니다.
"진짜 신기하고 귀여운 동물은 없네?"
구경꾼들이 웅성거렸습니다.
"삐악삐악, 여기 있어요."
노란 병아리가 나왔습니다.
"아이고, 귀여운 것. 하지만 신기하지는 않아."
병아리는 삐악거리며 들어갔습니다.

여러 동물들이 무대에
나왔지만 큰 박수를
받지 못했습니다.
이제 오늘 참가한
동물 중 마지막
차례가 남았습니다.
황색무늬 옷을 입은 조가비
하나가 나왔습니다.
"저건 뭐야?
우렁이 같은데?"
동물들은 실망했습니다.
"잠깐 기다려 봐요.
뭐가 나오고 있어요."
기린이 말했습니다.
조가비는 꼼지락거리며
움직이기 시작했습니다.
조가비에서 슬금슬금 다리가
나오더니 더듬이가 나왔습니다.

"저건 뭐냐? 성냥개비 같애."
"곤봉 같은데?"
"안테나 같은데?"
두 쌍의 더듬이가 나왔습니다.
큰 더듬이 끝에는 눈이 있었습니다.
온몸을 죽 늘여 움직이기 시작했습니다.
조가비를 등에 지고 미끄러지듯 기어갔습니다.
"집을 등에 지고 다니는가 봐."
"신기하게 생겼네?"
"알록달록 예쁜데!"
"이름이 뭐야?"
"저건 달팽이예요!"
기린이 소리쳐 알려 주었습니다.

달팽이는 옆에 있는 나팔꽃 줄기를 타고 올라갔습니다.
가는 줄기를 곡예사처럼 잘도 탑니다.
동물들은 신기한 듯 달팽이의
곡예를 지켜보았습니다.

달팽이는 물구나무도 서고,
나팔꽃 위를 기어오르기도 했습니다.
"와! 신기하다. 달팽이……."
"신기하면서도 귀여운데."
곡예를 마친 달팽이는 온몸을 조가비 속에 쏙
집어넣었습니다.
우레 같은 박수가 터졌습니다.
달팽이는 가장 '신기하고 귀여운' 동물로 뽑혔습니다.
잔치가 끝났습니다.
동물들은 모두 집으로 돌아갔습니다.

구름에 가렸던 해님이 나왔습니다.
달팽이는 얼른 나팔꽃 그늘에 숨었습니다.
"신기하고 귀여운 달팽이야, 너는 왜 집에 안 가니?"
나팔꽃이 물었습니다.
"지금은 갈 수 없어."
"왜?"
"난 햇빛이 싫어. 햇빛이 뜨거우면 움직일 수가 없어."
"어? 나하고 똑같네."
나팔꽃도 꽃송이를 오므리고 있었습니다.
"그럼 어떡하려고?"
"비가 오지 않으면 밤까지 기다려야 돼."
달팽이는 숨을 헐떡거렸습니다.
"나도 비가 좋은데……."

왜?
달팽이는 왜 비가 오는 것을 좋아할까요?
(77쪽 아래를 보세요.)

달팽이와 나팔꽃은 밤이 오기를 기다렸습니다.
그런데 어두워지기 전에 더 반가운 소식이 왔습니다.
부슬부슬 비가 내리기 시작한 것입니다.
"어, 비가 온다!"
나팔꽃이 먼저 소리쳤습니다.
달팽이도 좋아라하며 온몸의 기지개를 켰습니다.
조가비 속에서 온몸을 꺼내 다시 곡예를 시작했습니다.
나팔꽃이 눈치 채지 못하게 파란 나뭇잎을 갉아먹었습니다.
배가 고팠거든요.
"아, 맛있다."
땅에 떨어진 빨간 나팔꽃도 먹었습니다.

"이제 집에 가야지."
달팽이는 빨리 움직였습니다.
편평하고 길쭉한 발을 파도치듯이 움직입니다.
달팽이는 발이 따로 없습니다.
발이 온몸이고 온몸이 곧 발이 됩니다.
두 쌍의 더듬이로 방향을 가늠하며 길을 갑니다.
적이 나타나면 얼른 더듬이를 집어넣고
몸을 조가비 속에 집어넣었습니다.

하지만 비가 오는 날은 기분 좋은 날입니다.
달팽이는 콧노래를 부르며 기어갑니다.
울퉁불퉁 거친 길도 잘 갑니다.
달팽이 몸은 뼈가 없고 부드러우며 근육이 발달되었습니다.
그래서 가는 줄기나 날카롭고 뾰족한 곳에도 기어
갈 수가 있습니다.
조가비 집을 등에 지고 가는 그 모습이 정말 신기하고
재미있습니다.

숲에서 만난 동물들이
달팽이를 보고 노래를 부릅니다.

달팽아, 달팽아
어디 가니
달팽아, 달팽아
네 뿔 좀 내놔 봐
달팽아, 달팽아
머리 춤 좀 춰 봐

달팽이는 노랫말처럼 더듬이로
춤을 추며 걸었습니다.
죽죽 지나가는 길에는 끈적끈적한
자국이 생깁니다.
달팽이의 몸에서 나오는 점액입니다.
어두워질 때쯤, 달팽이는 오리나무 밑의
집으로 돌아왔습니다.
비가 그쳤지만 달팽이는 신이 났습니다.
밤이 왔기 때문입니다.
달팽이는 밤을 낮처럼 사는 동물이거든요.

비 오는 날의 곡예사
73

이튿날 아침에는 하늘이 맑았습니다.
달팽이는 조가비 속에 몸을 넣고 나뭇잎 그늘에서
쉬고 있었습니다.
달팽이가 곡예를 하던 나팔꽃 줄기에는 새로운 꽃이
활짝 피어났습니다.
"그런데 저게 뭘까?"
나팔꽃은 꽃잎이 떨어진 자리를 내려다보며 중얼거렸습니다.
"저거 혹시 달팽이 똥이 아닐까?"
히히, 맞습니다.
어제 파란 이파리와 빨간 나팔꽃을 갉아먹은 달팽이가
슬그머니 똥을 누고 왔거든요.
똥은 초록색 똥이 한 무더기, 빨간색 똥이 한
무더기였습니다.
신기하고 귀여운 달팽이는
똥도 천연색이랍니다.

신기하면서도 귀여운 달팽이

달팽이는 달팽이과에 속하는 연체동물(몸에 뼈가 없음. 문어·조개 등)입니다. 달팽이는 그 생김새가 특이합니다. 고둥처럼 생긴 껍질을 가지고 있는데, 그것은 곧 집이 됩니다. 그러니까 자기 집을 지고 다니는 것입니다.

몸빛은 흑갈색 바탕에 노란 무늬가 있으며, 머리에는 두 쌍의 더듬이가 있는데, 큰 더듬이 끝에 눈이 있습니다. 그러나 눈은 잘 볼 수 없으며, 밝음과 어두움을 판별할 수는 있습니다. 몸은 유연하고 껍질 안에서 기어 나와 길게 기어다닙니다.

달팽이가 지나간 자리에는 자국이 나는데 그것은 몸에서 점액이 나오기 때문입니다. 점액은 달팽이의 몸을 보호해 주는 역할을 합니다. 달팽이는 날씨가 맑아 건조해지거나 겨울잠을 잘 때는 조가비 속에 들어가 움직이지 않습니다. 그래서 밤이나 흐린 날, 비 오는 날을 좋아합니다.

특히 은
비 오는 날

제 세상을 만난 듯

활발하게 활동을 합니다.

한 마리의 몸 안에 수컷과 암컷의 구실을 하는 기관이

있습니다. 5~7월에 알을 낳는데, 습기가 많은 흙에

구덩이를 파고 낳습니다. 알은 30일 정도가 지나면

부화되는데, 이미 알 속에서 완전한 모습으로 자라 나오기

때문에 금방 활동을 합니다.

겨울에는 바위 틈이나 나뭇잎 속에서 겨울잠을 자는데,

수분이 마르지 않게 조가비 입구에 엷은 막을 칩니다.

왜?
달팽이는 몸에 물기가 마르면 위험합니다.
물기를 유지하는 기능이 약하기 때문입니다.
그래서 습기가 많은 밤이나 흐린 날, 비가 오는 날 활동을 하는 것입니다.

민들레 자연과학동화 시리즈 10권

"동화와 그림으로 만나는 신비한 자연의 세계!"

《민들레 자연과학동화》는 신비한 동·식물의 세계를 재미있는 동화와 그림으로 읽고 관찰할 수 있는 자연 생태 동화입니다. 자연과 더불어 살고 있는 소중한 생명체의 신비로움을 이해하고 사랑하고 보존하는 마음으로 기획되었습니다. 이 시리즈를 통해 자라나는 어린이들은 자연과 생명의 소중함을 이해하며 아름다운 꿈과 희망을 키울 수 있을 것입니다.

이상배 글 | 백명식·김성영 그림 | 변형판 | 올컬러 | 각 권 80쪽 | 각 권 9,900원

1권 똥덩이가 좋아요

똥덩이가 좋아요
똥덩이에서 태어나 똥을 먹고 자라는 쇠똥구리는 똥이 많아 행복합니다.

민들레꽃씨의 여행
민들레 마을에 가 보셨나요?
백 개의 낱꽃이 한 송이로 피어났어요.

비 오는 날의 곡예사
귀엽고 신기한 동물로 뽑힌 달팽이.
해님은 싫고, 비 오는 날이 좋아요.

2권 여왕이 세우는 개미나라

여왕이 세우는 개미나라
멋진 결혼 비행을 끝낸 여왕개미는 새로운 개미나라를 세우기 시작했습니다.

해를 바라고 피는 태양꽃
수백 개의 샛노란 혀꽃이 하나하나 모여 마침내 해님을 닮은 태양꽃이 피어났습니다.

뻐꾹뻐꾹, 뻐꾸우욱
떠돌이 엄마뻐꾸기는 다른 새들의 둥지에 알을 낳느라 분주한 하루를 보냈습니다.

3권 다람 다람 다람쥐야

7년 만에 노래 불러요
참매미 애벌레는 한 가지 노래를 부르기 위해 땅속에서 7년을 보냈습니다.

뚜뚜따따, 나팔 불어요
나팔꽃은 매일 아침마다 뚜뚜따따 나팔 불러요.

다람 다람 다람쥐야
귀여운 다람쥐 형제 알람이, 이람이, 삼람이, 사람이는 산속에서 유격 훈련 중이에요.

4권 고슴도치 꼬슬이가 밤송이가 되었네

저 많은 잠자리들은 어디서 왔을까?
빙글빙글 동동! 씽씽 바람을 가르며 하늘을 나는 잠자리들은 멋진 비행사입니다.

달밤에 달님을 보고 피는 달맞이꽃
달님이 떠오르자 노란 달맞이꽃이 피었어요.
달님도 달맞이꽃도 환하게 웃었어요.

고슴도치 꼬슬이가 밤송이가 되었네
나를 건들지 마. 나는 가시 옷을 입었다고.
자그마치 만 개가 넘는다구.

5권 뿡뿡 방귀쟁이 노린재

뿡뿡 방귀쟁이 노린재
"으윽! 세상에 이렇게 독한 냄새가……."
냄새에 취한 숲 속의 동물들은 도망쳤어요.

참나무님, 도토리 키재기 해 봐요
도토리가 열리는 꿀밤나무를 아시나요?
나무 중의 나무, 진짜 나무는 참나무래요.

두더지 반들이의 소원
반들이는 캄캄한 땅속이 좋아요. 지렁이·땅강아지·달팽이 먹을 게 많거든요.

6권 거무야, 거미야 왕거미야

거무야, 거미야 왕거미야
거미줄은 나의 집, 나의 사냥터
아름답고 튼튼하고 아주 특별한 나의 집!

붉은 잎, 붉은 치마 단풍나라
방귀 뀐다 뽕나무, 불붙었네 단풍나무
치! 나는 낙엽이 되어 떨어지기 싫어요!

귀또리야, 귀뚤이야 귀뚜라미야
치치~치르르! 가을밤을 새워 우는
귀뚜라미는 가을의 시인입니다.

7권 풀숲의 사냥꾼 왕사마귀

기럭 기러기야 어디서 날아오니
기럭 기러기 줄지어 날아가네.
무슨 소식 전하려고 저리 날아갈까?

세상에서 가장 아름다운 꽃, 목화라네
백의 민족은 흰 옷을 즐겨 입었지요. 그 무명 흰 옷을 만드는 꽃이 목화송이랍니다.

풀숲의 사냥꾼 왕사마귀
나는야, 풀숲의 사냥꾼 왕사마귀! 여치도, 메뚜기도, 개구리도, 별로 무섭지 않아.

8권 세상에서 가장 행복한 곤충, 칠성 무당벌레

세상에서 가장 행복한 곤충, 칠성 무당벌레
칠성무당벌레는 예쁘고 행복한 벌레랍니다.

개골개골 개굴아, 개구리야 왜 우니?
개골개골개굴개굴! 개구리들이 웁니다.
개구리들은 울기 위해서 태어난 모양입니다.

밟고 밟아도 질기고 질긴 질경이
질경이는 위험한 곳을 좋아합니다. 밟히고 밟혀도 질기게 꿋꿋이 자랍니다.

9권 나풀나풀 팔랑팔랑 아름다운 나비 일기

나풀나풀 팔랑팔랑 아름다운 나비 일기
날아다니는 가장 아름다운 곤충 나비들이 꽃을 찾아 팔랑팔랑 나풀나풀 날아갑니다.

초음파 사냥꾼 박쥐
검은 망토를 입고 밤에 나타나는 박쥐들은 빱~빱~빱 하고 피리를 붑니다.

초롱초롱 피어난 초롱꽃
초롱꽃이 피었어요. 밤새 밝힌 초롱처럼, 종을 닮은 초롱꽃이 초롱초롱 피었어요.

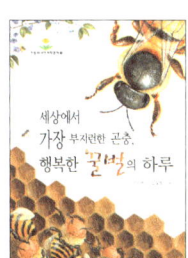

10권 세상에서 가장 부지런한 곤충, 행복한 꿀벌의 하루

가장 빨리 나는 새, 제비
제비는 봄이면 강남에서 돌아오는 철새입니다. 그런데 제비가 돌아오지 않고 있습니다.

세상에서 가장 부지런한 곤충, 행복한 꿀벌의 하루
꿀벌 중의 일벌은 일을 하기 위해 태어났습니다. 그래도 꿀벌은 행복합니다.

꽃 중에서 가장 이름이 많은 제비꽃-오랑캐꽃
별처럼 아름다운 제비꽃이 왜 오랑캐꽃이라는 이름으로 불릴까요?